Satt & Schlank

ARTULEN VERLAG GMBH
Luisenstraße 4
77654 Offenburg DEUTSCHLAND
Telefon: 0781 9481883
Fax: 0781 9481782
E-Mail: post@Artulen-Verlag.com
Internet: www.montignac.com

Siebte deutsche
überarbeitete Auflage 2003

Über die MONTIGNAC-METHODE
sind folgende Bücher erschienen:

- **Die Montignac-Methode**
  (Michel Montignac)
- **Die Montignac-Methode für Einsteiger**
  (Hans Finck und Michel Montignac)
- **Essen gehen und dabei abnehmen**
  (Michel Montignac)
- **Ich esse, um abzunehmen**
  (Michel Montignac)
- **Jung bleiben durch eine gesunde Ernährung**
  (Michel Montignac)
- **Kochen, essen und dabei abnehmen**
  (Michel Montignac)
- **Meine Rezepte aus der Provence**
  (Michel Montignac)
- **Montignac Rezepte und Menüs**
  (Michel Montignac)
- **Schlank & Schnell**
  (Ria Tummers)

Vom selben Autor sind folgende
zusätzliche Werke erschienen:

- **Gesund mit Schokolade**
  (Michel Montignac)
- **Jeden Tag Wein**
  (Michel Montignac)

Internationale Ausgaben:

Frankreich:
- Comment maigrir en faisant des repas d'affaires
- Je mange donc je maigris!
- La méthode Montignac: Spécial Femme
- Mettez un turbo dans votre assiette!
- Recettes et Menus Montignac
- Je cuisine Montignac (Band I und II)
- Restez jeune en mangeant mieux
- Boire du vin pour rester en bonne santé
- La méthode Montignac de A à Z

Weitere internationale Ausgaben sind
in folgenden Ländern erschienen:

- Finnland
- Großbritannien
- Italien
- Island
- Israel
- Kanada
- Kroatien
- Lettland
- Niederlande
- Polen
- Portugal
- Rumänien
- Russland
- Schweden
- Spanien
- Türkei
- USA

Lektorat: Regine Schmidt
Angela Strzeletz

Titelfoto und Abb. im Innenteil:
Vier a Studio

Layout: Sybille Zerling
Rotation Verlagsservice, Berlin

Druck & Bindung: Westermann Druck
Gedruckt auf umweltfreundlichem Papier

ISBN 3-930989-10-7

Gabriele Lehner

Satt & Schlank

Die deutsche Küche nach der Montignac-Methode

ARTULEN VERLAG

Inhaltsverzeichnis

(V): Diese Gerichte sind für die vegetarische Ernährung geeignet. (Wenn Sie die Fleisch-, bzw. Hühnerbrühe durch Gemüsebrühe ersetzen, sind auch alle Suppen für die vegetarische Ernährung geeignet.)

Verzeichnis der Rezepte

VORBEMERKUNG

Eigentlich müsste an dieser Stelle mein Mann das Wort ergreifen, denn er war es, der mich von Montignacs Ernährungsprinzipien überzeugt hat. Und das kam so:

Vor fast zwei Jahren machte uns ein befreundetes Ehepaar auf die im Artulen Verlag erschienenen Bücher „Essen gehen und dabei abnehmen" und „Ich esse, um abzunehmen" aufmerksam. Beide hatten mit Erfolg einige Kilos abgenommen und waren von der Methode vollauf begeistert.

Bei mir stieß das Ganze auf Skepsis, wieder eine neue Diät für ihn, wir hatten doch schon von A wie Atkins, über „Brigitte", „FdH", Reistage etc. fast alles hinter uns, was so auf dem Diätsektor angeboten wird. Ich stamme noch aus einer Generation, die Sonntag morgens das Kochen bei Mutter in der Küche lernte, d.h. ich kann noch Klöße ohne fertigen Kloßteig zubereiten und ich benötige auch keine Backmischung, um einen Kuchen oder eine Pizza auf den Tisch zu bringen. Wahrscheinlich ist auch das einer der Gründe, warum mein Mann in unserem 16-jährigen Eheleben fast die gleiche Anzahl an Kilos mehr auf die Waage brachte. Damit sollte nun ein für alle Mal Schluss sein. Unser erstes Ziel war, ein Vierteljahr die Phase I nach Montignacs Rezepten und Menüs durchzuhalten, bzw. der Wunsch meines Mannes war es, 15 kg abzunehmen. Das Vierteljahr war schnell vorbei, die Waage zeigte 16 kg weniger bei ihm und sogar 17 kg weniger bei meiner Mutter, die ebenfalls ihre Ernährung auf Montignac umgestellt hatte. Was ausblieb, war unsere „versprochene" Belohnung, denn wir hatten plötzlich gar keine Lust mehr auf ein Stück Torte oder eine Pizza. Und wir konnten uns auch gar nicht mehr vorstellen, uns auf die alte Weise zu ernähren. Wir wollten einfach nur weitermachen, vor allem weil wir auch wieder auf den unverfälschten Geschmack der Gerichte gekommen waren. Da es sich trotz des vereinten Europa teilweise als schwierig erwies, alle Zutaten für die „Feine Küche Montignacs" für den heimischen Herd zu besorgen, kam ich auf den Gedanken, unsere Küche montignac-fähig zu machen, d.h. mit Zutaten zu arbeiten, die in jedem Supermarkt, im Reformhaus oder im Bioladen erhältlich sind.

Dabei habe ich mich vor allem an unserem Tagesablauf orientiert. Hier in Deutschland verbringt die arbeitende Bevölkerung überwiegend ihre Mittagspause am Arbeitsplatz, was ja bei unseren französischen Nachbarn meist etwas anders aussieht. Da fährt man zum Mittagessen, wenn möglich, nach Hause oder geht mit Kollegen essen.

Für all diejenigen, die ihre Tischzeit am Arbeitsplatz verbringen, sind in diesem Kochbuch eine Reihe von Salaten aufgeführt, die entweder fertig mitgenommen werden können oder auch schnell vor Ort zuzubereiten sind.

Auch erschien es mir sehr wichtig, in meinem Kochbuch Rezepte zu bringen, die bei Kindern und Jugendlichen Anklang finden. Unsere 13-jährige Tochter rebellierte nach einiger Zeit, als bei uns zuhause nur noch französische Gerichte auf den Tisch kamen, also musste ich mir etwas einfallen lassen und Rezepte finden, die einerseits der Montignac-Methode, andererseits auch den Vorlieben unserer Tochter entsprachen. Das größte Lob erhielt ich dann allerdings von ihr, als sie Ostern von einem 2-wöchigen Aufenthalt aus England zurückkehrte, wo sie die englische Küche und die englischen Essgewohnheiten kennen gelernt hatte. Ihr Kommentar lautete: „Montignac" ist doch nicht so schlecht, da weiß man jedenfalls, was man isst, und es schmeckt sogar.

Nun ja, Montignac ist für uns zu einer Art Ernährungsphilosophie geworden, wobei man unserer Erfahrung nach gewisse Leute nicht davon überzeugen kann, dass es an ihren Kartoffeln und Co. liegt, wenn sie einige Pfunde zuviel mit sich herumtragen.

Darum mein Rat an Sie: Versuchen Sie nicht, jemanden zu etwas zu überreden, wovon er nicht zu überzeugen ist. Stellen Sie **Ihre Ernährung** auf Montignac um, Sie können dadurch nur gewinnen. Sie werden feststellen, dass Sie nicht nur für immer Gewicht verlieren, sondern sich nach einiger Zeit körperlich topfit fühlen, nicht mehr müde und matt herumhängen und von einer gewissen Sucht, nämlich der Sucht nach Süßem befreit sein werden. Für jegliche Werbung für Fertigprodukte werden Sie nur noch ein müdes Lächeln übrig haben, denn Ihre Geschmacksnerven sind wieder frei vom Allerweltsgeschmack der Nahrungsmittelindustrie. Außerdem brauchen Sie keine Mitgliedschaft in irgendeinem Diätclub, das schaffen Sie daheim, wenn Sie wirklich wollen.

Eines sei jedoch noch ausdrücklich erwähnt: Denjenigen von Ihnen, die noch nicht eingehend mit der Methode vertraut sind, empfehle ich auf jeden Fall die beiden Werke von Michel Montignac „Die Montignac-Methode für Einsteiger" oder „Die Montignac-Methode" aus dem Artulen Verlag. Ansonsten bleibt mir jetzt nur noch, Ihnen viel Spaß und Erfolg beim Abnehmen (oder einfach Weitermachen) zu wünschen, und zu hoffen, dass meine Rezepte vielleicht ein wenig dazu beitragen, dass die Montignac-Methode auch künftig zu Ihrer „Ernährungsphilosphie" wird.

Ihre Gabriele Lehner

GRUNDVORRÄTE IM MONTIGNAC-HAUSHALT

Als wir unsere Ernährung auf Montignac umstellten, musste ich eine Reihe von Vorräten aus meiner Küche, meinem Keller und meinem Gefrierschrank verbannen. Dazu wurden alle Produkte, die noch im Haushalt waren und nicht mehr in unsere Ernährung passten, an Freunde, Bekannte und Verwandte verschenkt. Leider hatte ich am Anfang noch kein eigenes Konzept. Ich überlegte mir, was ich am nächsten Tag auf den Tisch bringen wollte, und danach ging ich einkaufen. Das war sehr kosten- und zeitaufwändig. Erst nach einer gewissen Zeit und Erfahrung mit der Montignac-Methode habe ich mich getraut, einen Vorrat an montignac-fähigen Lebensmitteln anzulegen, um im Notfall mal etwas auf die Schnelle zu zaubern. Um Ihnen den Übergang leichter zu machen, stelle ich Ihnen hiermit meinen neuen „eisernen Vorrat“ vor.

**In meinem Vorratsschrank
finden sich nun folgende Lebensmittel:**

Vollkornnudeln
Naturreis
Hülsenfrüchte (Bohnen, Erbsen, Linsen)
Weizen- und Roggenkörner zum Schroten bzw. für Vollkornmehl
grüne Bohnen in der Dose
Schwarzwurzeln im Glas
Perlzwiebeln ohne Zuckerzusatz im Glas
Gewürzgurken ohne Zuckerzusatz im Glas
Schältomaten in der Dose
Champignons in der Dose
Tomatenmark
Sauerkraut in der Dose
weiße Bohnen in der Dose
Parmalat (pürierte Tomaten)
Ringsalami
Olivenöl
Sonnenblumenöl

Balsamicoessig
Weißwein- und Rotweinessig
Thunfisch (im eigenen Saft) in der Dose
Dijonsenf
Schokolade mit mehr als 70 % Kakaoanteil
Gemüsebrühe im Glas
Trockenobst
Nüsse
Fruktose
Getreideflocken für Müsli
Haferkleie
Magermilchpulver
Gewürze aller Art
getrocknete Kräuter
getrocknete Pilze
entkoffeinierter Kaffee
verschiedene Früchte- und Kräutertees

Im Kühlschrank:

Magerjoghurt
Magerquark
Magerfrischmilch
Sahne
Crème fraîche
saure Sahne
verschiedene Schnitt- und Weichkäse
Hartkäse, wie Parmesan und Pecorino
verschiedene magere Wurstsorten
gekochter magerer Schinken
Bacon
Kräuterfrischkäse
Hüttenkäse
Mozzarella
Eier
Marmeladen
Zitrusfrüchte
Gemüse der Saison in kleinen Mengen
Obst der Saison in kleinen Mengen

Im Tiefkühlschrank:

Spinat
grüne Bohnen
Paprika
Porree
selbstgebackenes Brot und Brötchen
Fischfilet
Hackfleisch
Steaks
Geflügel
Lammfleisch
gefrorene Kräuter
Himbeeren
Erdbeeren
Johannisbeeren

Im Keller:

Zwiebeln
Knoblauch
Gemüse der Saison: Weißkohl, Rotkohl, Porree, Gurken, Sellerie, Zucchini etc.
Obst der Saison: Äpfel, Birnen, Apfelsinen etc.
Rot- und Weißweine
trockener Sekt und Champagner

DIE KUNST DES WÜRZENS

Das richtige Würzen macht das Kochen erst zur Kunst. Als Hauptregeln gelten:

- Sparsam würzen, denn Gewürze sollen den Eigengeschmack des Gerichts nicht übertönen.
- Vorsicht beim Würzen, denn nachwürzen kann man immer noch!
- Unzerteilte Gewürze (Körner) mitkochen.
- Frisch gehackte Kräuter erst zum Schluss unter die fertige Speise mischen.
- Getrocknete Kräuter müssen einige Zeit mitgekocht werden

Welches Gewürz, welche Kräuter passen nun zu welchem Gericht?

Anis: Suppen, Brot, Gurke, Rotkohl

Basilikum: Salate, Kräutersoßen, Gemüsesuppen, Bohnen, Sauerkraut, Schweinefleisch, Tomaten, Tomatensaucen, Eintopfgerichte, Krabben, Muscheln, Eierspeisen

Beifuß (Pimpernell): Enten- und Gänsebraten, Schweinebraten, Hammelbraten, Weißkohl

Bibernelle: Salate, Suppen, Gemüse

Bohnenkraut (Pfefferkraut): grüne Bohnen, Kräutersuppe, Hammelbraten, Pilzgerichte, Gurkensalat, Hackfleisch, Sauerkraut, Bohnengerichte

Borretsch (Gurkenkraut): Gemüse, Salate, Hackfleisch

Brunnenkresse: als Salat oder zu Salaten, Quark

Chili: Tomatensauce oder -suppe, scharfe Fleisch- und Geflügelgerichte, Bohnengerichte

Curcuma (Gelbwurz): Eier, Naturreis, Hähnchen

Curry:	Suppen, Hühner-, Fisch- und Fleischgerichte, Hackfleisch, Krabben, Naturreis, Eierspeisen
Dill:	Fisch, Salate, grüne Bohnen, Erbsen, Gurken, Tomaten, Spinat, Quark, Suppen
Estragon:	Suppen, Hühnergerichte, Fisch, Krabben, Kalbs- und Lammbraten, Salate
Fenchel:	Brot, Sauerkraut, Linsen, Sommergemüse, Gurken
Gewürznelken:	Kompotte, Schweinebraten, Fisch- und Hühnergerichte, Rotkohl
Ingwer:	Kompotte, Suppen, Kalbsbraten, Geflügelgerichte, Naturreis
Kapern:	Saucen, Ragouts, Tatar, Fleisch-, Fisch- und Eiergerichte
Kardamom:	Brot, Hackfleisch, Schweinefleisch, Hühnergerichte, Erbsensuppe
Kerbel:	Suppen, Tomaten, Quark, grüne Salate
Knoblauch:	Suppen, Salate, Saucen, Gemüse, Steaks, Schweine- und Lammbraten, Geflügel, Eintopfgerichte
Koriander:	Salate, Schweinebraten, Brot, Kohl, Schweine- und Hammelfleisch, Wild
Kräutersalz:	Salate, Gemüse, Saucen, Quark, Käse
Kümmel:	Sauerkraut, Kohlgerichte, Schweinebraten, Brot, Quark, Käse, Suppen
Liebstöckel:	Suppen, Salate, Rohkost, Fisch, Braten, Saucen
Lorbeer:	Wild, Sauerkraut, Fischsud, Suppen, Marinaden
Macis (Muskatblüte):	Fischgerichte, Kompotte
Majoran:	Pilzgerichte, Ente, Gans, Geflügel, Hackfleisch, Schweinefleisch, Salate, Leber, grüne Bohnen, Bohnengerichte
Meerrettich:	gekochter Fisch oder Fleisch, Würstchen, Schinken, geräucherter Lachs

Melisse:	Suppen, Mischgemüse, grüne Salate, Hackfleisch
Minze:	Hülsenfrüchte, Salate, Lammbraten, Hackfleisch
Muskatnuss:	Suppen, Spinat, Blumenkohl, Hackfleisch
Oregano:	Tomatensuppe und -sauce, Lamm, Eintopfgerichte, Gurken, Kalbfleischgerichte, Gemüse und Eierspeisen
Paprika:	Saucen, Gulasch, Reis, Käse, Eier, Salate, Hühnergerichte, Fisch, Quark, Weißkohl, Chinakohl
Pastinak:	als Gemüse; die Samen zum Würzen von Salaten und Gemüsegerichten
Petersilie:	Kräutersuppen, Gemüsesuppen, zur Garnierung, Omeletts, Hackfleisch, Eintopfgerichte, Fisch
Pfeffer:	Suppen, Saucen, Salate, Eierspeisen, Gemüse, Hülsenfrüchte, Fleisch, Geflügel, Fisch, Wild
Piment:	Suppen, milde Gemüse, Salate, Eintopfgerichte, Hackfleisch, gekochter Fisch
Portulak:	Suppen, grüner Salat, Quark, Kapernersatz
Rosmarin:	Gemüsesuppen, alle Braten, Geflügel, Pilze, Wildgerichte
Safran:	Fisch- und Fleischgerichte, Geflügel
Salbei:	Braten, Hühnerleber, Kaninchen, Salate, Geflügel, Tomaten, Grillspieße, Steaks, Hackfleisch
Sauerampfer:	als Salat, zu grünem Salat, Gemüsesuppen
Schnittlauch:	Eierspeisen, Suppen, Gemüse, Salate, Quark, Tatar
Selleriesalz:	Suppen, Gemüsegerichte, Braten, Eintopfgerichte, Rohkost
Senf:	Salate, kalter Braten; zum Bepinseln von Braten
Senfkörner:	Fischmarinaden
Thymian:	Gemüsesuppen, Fisch, Braten, Leber, Tomatensauce, Tomatensalat, Pilzgerichte, Omeletts
Vanille:	Süßspeisen aus Quark, Joghurt, Sahne, Eis

Wacholderbeeren:	Wild, Wildgeflügel, Kohlgerichte, Sauerkraut; zum Beizen und für Marinaden
Weinraute:	Hammelgerichte, grüne Salate; Wildbeizen
Ysop:	Kalbsbraten, mediterrane Gemüsegerichte, Tomatensalat, Quark
Zimt:	Süßspeisen, Kompotte, Wild
Zitronenmelisse:	grüne Salate, Wildbraten, Tomatensauce, gekochter Fisch, Quark, Omeletts; zur Garnierung
Zwiebel:	Suppen, Saucen, Pilze, Salate, Fisch, Fleisch, Geflügel

Natürlich können Sie auch mit sogenannten Bouquets garnis würzen. Aus der französischen Küche sind Ihnen diese Gewürzsträußchen sicher ein Begriff. Verschiedene aufeinander abgestimmte Kräuter und Gewürze werden dazu mit einem Faden, der so lang ist, dass er am Henkel eines Topfes oder Bräters befestigt werden kann, zusammengebunden. Das Bouqet garni wird während des Kochens oder Bratens in den Topf gehängt und kann vor dem Servieren problemlos entfernt werden.

Nunmehr einige Vorschläge für Bouquets garnis:

Dicke Bohnen:	Petersilie, Schnittlauch, Bohnenkraut
Erbsen:	Petersilie, Minze, Schnittlauch
Tomaten:	Petersilie, Lorbeerblätter, Basilikum
Geflügel:	Petersilie, Frühlingszwiebeln, Thymian, ein Stück Sellerie
Lamm:	Petersilie, Zitronenmelisse oder -thymian, Lorbeerblätter, Sellerie
Rind:	Petersilie, Thymian, Lorberrblätter, 2 Gewürznelken
Kalb:	Petersilie, Lorbeerblätter, Majoran, 1 Salbeiblatt, 1 Stück Zitronenschale
Schwein:	Petersilie, Lorbeerblätter, Thymian, 1 Stück Orangenschale
Wild:	Petersilie, Lorbeerblätter, Rosmarin, 2 Wacholderbeeren in etwas Porreegrün gewickelt.

Saisonkalender für Gemüse aus dem In- und Ausland

	Jan.	Febr.	März	April	Mai	Juni	Juli	Aug.	Sept.	Okt.	Nov.	Dez.
Artischocken						■■	■■■	■■■	■	■		
Auberginen				■	■	■■	■■■	■■■	■	■		
Blumenkohl		■	■	■	■■	■■	■■	■■■	■■■	■■■	■■■	■
Bohnen						■■	■■■	■■■	■■■	■■■		
Brokkoli		■	■■	■■	■	■	■					
Champignons	■■	■■	■■	■■	■■	■■	■■	■■	■■	■■	■■	■■
Chicoreé	■■	■■	■■	■■	■■				■■	■■	■■	■■
Chinakohl	■■	■■	■■							■■	■■	■■
Endiviensalat	■	■	■							■	■	■
Erbsen							■■	■■				
Feldsalat	■	■	■■	■■	■■						■■	■■
Fenchel	■	■	■	■					■	■■	■■	■
Grünkohl	■■	■■									■	■■
Kohlrabi					■	■■	■■	■■	■■	■		
Kopfsalat			■	■	■■	■■	■■	■■	■■	■■	■	
Lauch	■	■	■	■								■
Mangold						■■	■■	■■				
Paprika	■	■	■	■■	■■	■■	■■	■■	■■	■	■	■
Pilze						■■	■	■■	■■	■■	■	
Radieschen			■	■	■■	■■	■■	■■				
Rettich				■	■	■■	■					
Rharbarber		■	■■	■■■	■■	■■	■					
Rosenkohl	■■	■■	■									■■
Rotkohl	■■	■■	■■	■■	■	■	■	■	■■	■■	■■	■■
Salatgurke	■	■	■	■	■	■	■	■	■	■	■	■
Schmorgurken								■	■	■		
Schwarzwurzeln	■	■	■	■	■							■
Sellerieknollen	■	■	■	■	■				■	■	■	■
Spargel				■	■■	■■■	■■					
Spinat			■■	■■	■■							
Staudensellerie			■	■	■	■	■	■	■	■	■	
Tomaten	■	■	■	■	■	■	■	■■	■■■	■■	■	■
Weißkohl	■■	■■	■■	■	■	■	■	■	■	■	■■	■■
Wirsing	■					■	■	■	■	■■	■■	■■
Zucchini	■	■	■	■	■	■	■	■	■	■	■	■
Zwiebeln	■	■	■	■	■	■	■	■	■	■	■	■

Tipp: Es sollte jedoch das örtliche Angebot Beachtung finden, da durch Witterungsbedingungen, Lage des Einkaufsortes und Importe aus dem EU-Raum Verschiebungen von bis zu drei oder vier Wochen auftreten können.

Saisonkalender für Obst und Früchte aus dem In- und Ausland

	Jan.	Febr.	März	April	Mai	Juni	Juli	Aug.	Sept.	Okt.	Nov.	Dez.
Ananas	■	■	■	■	■	■	■	■	■	■	■	■
Äpfel	■■	■■	■■	■	■	■	■	■	■■	■■	■■■	■
Aprikosen						■■	■■■	■■	■			
Birnen	■	■	■	■			■	■■	■■	■■■	■■	■
Brombeeren							■■	■■■	■■	■		
Erdbeeren				■	■	■■■	■■■	■■	■■	■		
Grapefruits	■	■	■	■	■	■	■	■	■	■	■	■
Heidelbeeren						■	■	■■	■			
Himbeeren					■	■■	■■■	■■	■■	■		
Johannisbeeren, rot						■	■■■	■■	■	■		
Johannisbeeren, schwarz						■	■■	■	■			
Kiwi	■	■			■	■	■	■	■	■	■	■
Limetten	■	■	■	■	■	■	■	■	■	■	■	■
Mangos	■	■	■	■	■	■	■	■	■	■	■	■
Mirabellen						■	■■■	■■	■			
Nektarinen				■	■	■	■					
Orangen	■■	■■	■■	■■	■	■	■	■	■	■■	■■	■■
Pfirsiche						■	■■	■■	■■■	■		
Pflaumen						■	■■■	■■	■■	■		
Preiselbeeren							■	■	■	■		
Reineclauden							■	■■	■			
Sauerkirschen					■	■■	■■■	■■	■■	■■		
Stachelbeeren					■	■■	■■	■				
Süßkirschen					■	■■	■■■	■■	■■			
Walderdbeeren						■■	■	■	■			
Weintrauben	■	■	■					■	■■	■■	■■	■
Zitronen	■	■	■	■	■	■	■	■	■	■	■	■
Zwetschgen							■	■■■	■■	■	■	

Tipp: Es sollte jedoch das örtliche Angebot Beachtung finden, da durch Witterungsbedingungen, Lage des Einkaufsortes und Importe aus dem EU-Raum Verschiebungen von bis zu drei oder vier Wochen auftreten können.

REZEPTE

FRÜHSTÜCK

BROT BACKEN

Schon seit mehr als 2000 Jahren backen die Menschen Brot. Die alten Ägypter haben es erfunden, und es ist bis heute eines der wichtigsten Grundnahrungsmittel geblieben.

Dabei sind die Hauptzutaten immer noch:

Mehl, Wasser, Salz, Sauerteig oder Hefe.

Mittlerweile gibt es bei uns in Deutschland etwa 250 verschiedene Brotsorten. Da aber in der industriellen Herstellung bzw. im Bäckerhandwerk überwiegend ausgemahlene Mehle zum Einsatz kommen und es nicht ganz einfach ist, ein wirklich gutes Schrotbrot zu bekommen, möchte ich Ihnen in diesem Buch die „Eigenbrötlerei" wieder näher bringen.

Dazu bedarf es jedoch noch einiger Erklärungen:

Was bedeuten beim Mehl die Typen?

Sie haben nichts mit der Qualität des Mehles zu tun, sondern beziehen sich auf den Ausmahlungsgrad. Je niedriger die Typenzahl, desto geringer die Ausmahlung, d. h. das Mehl hat einen hohen Mehlkörperanteil und ist deshalb hell, stärke- und eiweißreich (hoher glykämischer Index!).

Je höher der Typ, desto höher der Ausmahlungsgrad: Da hier auch die wertvollen Randschichten des Korns vermahlen sind, erscheint das Mehl dunkler und ist zugleich, da Mineralstoffe, Eiweiß, Vitamine und Zellulose (Ballaststoffe) in der Schale sind, für unseren Körper wertvoller.

Nach der Montignac-Methode sind für uns ausschließlich folgende Mehltypen interessant:

Weizenmehl	Type 1200
Weizenbackschrot	Type 1700
Roggenmehl	Type 1740
Roggenbackschrot	Type 1800

Für all diejenigen, die selbst keine Getreidemühle besitzen, sind diese Typenangaben wichtig. Die Mehle dazu erhalten sie in großen Supermärkten, Reformhäusern oder Bioläden.

Nun aber zum Brotbacken selbst. Hierzu möchte ich an Sie einige wichtige „Brotbackregeln“ weitergeben, mit denen Ihr Brot fast von selbst gelingt:

Regel Nr. 1: Backen Sie nur Brot, wenn Sie wirklich Zeit und Lust dazu haben.

Regel Nr. 2: Der Teig geht am besten, wenn alle Zutaten Zimmertemperatur haben.

Regel Nr. 3: Sauerteig geht viel langsamer als Hefeteig. Deshalb bei Sauerteigbroten alle Zutaten am Vorabend ansetzen.

Regel Nr. 4: Brotoberfläche vor dem Backen mit Wasser bestreichen, denn dann reisst sie nicht so leicht.

Regel Nr. 5: Am besten „geht“ ein Brot immer, wenn es in feuchter Wärme gebacken wird. Deshalb sollten Sie – wie in den Rezepten angegeben – ein mit Wasser gefülltes Gefäß (z. B. Tasse) mit in den Backofen stellen. Vorsicht: beim Öffnen der Backofentür entweicht Wasserdampf. Passen Sie deshalb auf, dass Sie sich nicht Hände und Gesicht verbrennen.

Regel Nr. 6: Eine glänzende Kruste bekommen Sie, wenn Sie das Brot kurz vor Ende der Backzeit mit Wasser bepinseln.

Regel Nr. 7: Alle Brotgewürze, wie z. B. Fenchel, Anis, Koriander, Kardamom, Kümmel entfalten ihr Aroma am besten, wenn sie gemahlen oder im **Mörser** zerkleinert werden.

Regel Nr. 8: Weder Hefe- noch Sauerteig mögen Zugluft, daher den Teig immer mit einem sauberen Tuch abdecken.

Regel Nr. 9: Wann ist Ihr Brot durchgebacken? Klopfen Sie mit dem Fingerknöchel gegen die Kruste, besser gegen die Brotunterseite. Wenn es hohl klingt, ist das Brot durch.

Regel Nr. 10: Brot richtig aufbewahren, z. B. in sauberen, trocknen und belüfteten Brotkästen oder Tongefäßen, oder einfach nur die Schnittfläche abdecken. Jedoch nie im Kühlschrank oder Plastikbeutel lagern. Die nachfolgend beschriebenen Brot- und Brötchensorten eignen sich auch sehr gut zum Einfrieren.

Nun viel Spaß und gutes Gelingen!

BAYERISCHES SCHROTBROT (V)

Zubereitungszeit:
ca. 16 Stunden
Backzeit: 50 - 60 Minuten

ZUTATEN:

250 g	Sauerteig
600 ml	lauwarmes Wasser
200 g	Roggenvollkornmehl Type 1740
450 g	Roggenschrot Type 1800
450 g	Weizenschrot Type 1700
3 TL	Salz
•	etwas schwarzer Kaffee zum Bepinseln
•	Olivenöl oder Sonnenblumenöl

Am Vorabend den Sauerteig mit 250 ml lauwarmem Wasser und dem Roggenmehl glatt rühren. Die **Schüssel** mit einem Tuch bedecken und an einem warmen Platz (25 °C) über Nacht stehen lassen.

Am Morgen Roggenschrot, Weizenschrot, Salz und das restliche lauwarme Wasser zum Sauerteig geben und alle Zutaten mit der **Küchenmaschine** oder dem **Handkneter** zu einem glatten Teig verarbeiten. Solange kneten, bis sich der Teig vom Schüsselrand löst.

Schüssel abdecken und etwa 2 Stunden bei 25 °C gehen lassen.

Den Teig nochmals mit den Händen gut durchkneten. Dann halbieren und zwei längliche Brote daraus formen. Die Brote auf ein mit Olivenöl bepinseltes Backblech legen. Abdecken und noch einmal bei 25 °C 1 – 2 Stunden gehen lassen.

Die Brote vor dem Backen längs einschneiden und mit etwas lauwarmem Kaffee bepinseln.

Im **vorgeheizten Backofen** bei 225 °C 50 - 60 Minuten backen. Beim Backen eine **hitzebeständige Tasse** oder **Schüssel** mit heißem Wasser auf den Boden des Backofens stellen.

Um festzustellen, ob das Brot durchgebacken ist, klopft man mit dem Zeigefinger gegen den Brotboden. Klingt es hohl, ist das Brot durchgebacken.

Auf einem **Kuchenrost** auskühlen lassen.

SCHROTBROT VOM LANDE (V)

Zubereitungszeit:
1 Stunde 40 Minuten
Backzeit: 1 Stunde –
1 Stunde 20 Minuten

ZUTATEN:

500 g	Roggenschrot Type 1800
500 g	Weizenvollkornmehl Type 1200
60 g	Hefe
1/2 TL	Fruktose
300 ml	lauwarmes Wasser
350 ml	Buttermilch
2 TL	Salz
•	etwas Roggenschrot zum Bestreuen
•	Olivenöl oder Sonnenblumenöl

Roggenschrot und Weizenmehl in eine **große Rührschüssel** geben und mischen. Eine Mulde eindrücken und die Hefe hineinbröckeln. Die Hefe mit der Fruktose und 5 – 7 EL lauwarmem Wasser, sowie etwas Mehl zum Vorteig verrühren. Den Vorteig mit einem Tuch bedecken und an einem warmen Platz 20 – 30 Minuten gehen lassen.

Restliches warmes Wasser, Buttermilch (Zimmertemperatur!) und Salz zum Vorteig geben, alle Zutaten zu einem glatten Teig verarbeiten. Mit der **Küchenmaschine** oder dem **Handkneter** solange kneten, bis sich der Teig vom Schüsselrand löst. In eine **ausgemehlte Brotform** oder **Schüssel** drücken. Mit einem Tuch bedecken und bei 20 – 25 °C Zimmertemperatur nochmals 45 – 60 Minuten gehen lassen, dabei muss sich der Umfang verdoppeln.

Backofen auf 225 °C vorheizen und eine **hitzebeständige Tasse** oder kleine **Schüssel** mit Wasser füllen und in den Ofen stellen.

Backblech mit Olivenöl einpinseln, Brot darauf stürzen und mit Roggenschrot bestreuen.

Im **Backofen** auf der mittleren Schiene 1 Stunde bis 1 Stunde 20 Minuten backen.

Um festzustellen, ob das Brot durchgebacken ist, klopft man mit dem Zeigefinger gegen den Brotboden. Klingt es hohl, ist das Brot durchgebacken.

Auf einem **Kuchenrost** auskühlen lassen.

SONNENBLUMENSCHROTBROT (V)

Siehe 1. Foto nach Seite 32

Zubereitungszeit:
1 Stunde 30 Minuten
Backzeit: 45 - 55 Minuten

ZUTATEN:

800 g	Weizenvollkornmehl Type 1200
200 g	Roggenschrot Type 1800
1 EL	Salz
42 g	Hefe
600 ml	lauwarmes Wasser
50 g	Butter, geschmolzen
50 g	Sonnenblumenkerne
1 EL	lauwarme Milch
•	Sonnenblumenkerne zum Bestreuen
•	Olivenöl oder Sonnenblumenöl

Weizenmehl, Roggenschrot in einer Rührschüssel mischen. Eine Mulde eindrücken und die Hefe hinein bröckeln. Die Hefe mit etwas warmem Wasser sowie etwas Mehl zum Vorteig verrühren. Den Vorteig mit einem Tuch bedecken und an einem warmen Ort 30 - 35 Minuten gehen lassen. Salz, restliches lauwarmes Wasser und geschmolzene Butter dazugeben und mit der **Küchenmaschine** oder dem **Handkneter** zu einem glatten Teig verarbeiten. Der Teig muss sich vom Schüsselrand lösen. Mit einem Küchentuch bedecken und an einem warmen Ort nochmals 30 - 35 Minuten gehen lassen, bis sich der Teig verdoppelt hat.

Mit den Händen die Sonnenblumenkerne mit dem Teig verkneten. In eine bemehlte **Brotform** oder **Schüssel** drücken und abgedeckt nochmals 30 Minuten gehen lassen.

Ein **Backblech** mit Olivenöl bepinseln und den Brotlaib darauf stürzen. Mit Milch bepinseln, mit Sonnenblumenkernen bestreuen und noch 5 Minuten zugedeckt gehen lassen.

Im **vorgeheizten Backofen** bei 180 - 200 °C etwa 50 Minuten backen, dabei eine mit heißem Wasser gefüllte **hitzebeständige Tasse** oder **Schüssel** auf den Boden des Backofens stellen.

Um festzustellen, ob das Brot durchgebacken ist, klopft man mit dem Zeigefinger gegen den Brotboden. Klingt es hohl, ist das Brot durchgebacken.

Auf einem **Kuchenrost** auskühlen lassen.

WEIZENSCHROTBROT (V)

Zubereitungszeit:
1 Stunde 40 Minuten
Backzeit: 50 - 60 Minuten

ZUTATEN:

500 g	Weizenvollkornmehl Type 1200
150 g	Weizenschrot Type 1700
50 g	Hefe
1/2 TL	Fruktose
450 ml	lauwarme Magermilch
2 TL	Salz
1 TL	gemahlener Kümmel
•	Olivenöl oder Sonnenblumenöl

Weizenmehl und Weizenschrot in einer **Rührschüssel** mischen. Eine Mulde eindrücken und die Hefe hineinbröckeln. Die Hefe mit der Fruktose und 5 EL lauwarmer Magermilch sowie etwas Mehl zum Vorteig verrühren. Den Vorteig mit einem Tuch bedecken und an einem warmen Platz 20 - 30 Minuten gehen lassen.

Restliche Milch, Salz und Kümmel zugeben und alle Zutaten zu einem glatten Teig verarbeiten. Mit der **Küchenmaschine** oder dem **Handkneter** solange kneten, bis sich der Teig vom Schüsselrand löst. In eine **ausgemehlte Brotform** oder **Schüssel** drücken. Mit einem Tuch bedecken und bei 20 - 25 °C Zimmertemperatur nochmals 30 - 40 Minuten gehen lassen.

Backofen auf 220 °C vorheizen und eine **hitzebeständige Tasse** oder kleine **Schüssel** mit Wasser füllen und in den Ofen stellen.

Backblech mit Öl einpinseln, Brot darauf stürzen. Im **Backofen** 10 Minuten bei 220 °C backen, dann Temperatur auf 200 °C zurücknehmen und noch 40 - 50 Minuten fertig backen.

Um festzustellen, ob das Brot durchgebacken ist, klopft man mit dem Zeigefinger gegen den Brotboden. Klingt es hohl, ist das Brot durchgebacken.

Auf einem **Kuchenrost** auskühlen lassen.

MEHRKORNBRÖTCHEN (V)

ZUTATEN:

Zubereitungszeit:	je 100 g	Hafer, Roggen, Weizen,
2 Stunden 15 Minuten		Dinkel und Buchweizen
+ 12 Stunden Quellzeit	250 g	Weizen, grob gemahlen, Type 1200
Backzeit:	100 g	Weizen, geschrotet, Type 1700
15 Minuten	1 Würfel (42 g)	frische Hefe
	250 g	Sauerteig
	•	Kümmel
	1 TL	Salz
	150 ml	warmes Wasser, evtl. etwas mehr

Getreidekörner über Nacht mit Wasser bedeckt und zugedeckt quellen lassen.

Das Weizenmehl zusammen mit dem Schrot in eine **Schüssel** geben. In die Mitte eine kleine Mulde eindrücken und die Hefe hineinbröseln. Etwas warmes Wasser zugießen und mit der Gabel verrühren. Zugedeckt an einem warmen Platz 15 Minuten ruhen lassen.

Sauerteig, abgetropfte Körner, Kümmel, Salz und das restliche Wasser zugeben und solange mit der **Küchenmaschine** oder dem **Handrührgerät** kneten, bis sich der Teig vom Schüsselrand löst.

Zudecken und an einem warmen Ort ca. 1 1/2 Stunden gehen lassen, bis der Teig das doppelte Volumen erreicht hat.

Backofen auf 200 °C vorheizen und ein Backblech mit Vollkornmehl bestäuben.

Aus dem Teig ca. 16 Brötchen formen und auf das Backblech setzen.

Auf der mittleren Schiene in ca. 15 Minuten goldbraun backen.

TIPP:
Die Brötchen lassen sich sehr gut einfrieren.

SCHROTBRÖTCHEN (V)

Zubereitungszeit:
1 Stunde
Backzeit: 20 - 25 Minuten

ZUTATEN:

250 g	Weizenschrot Type 1700
250 g	Weizenvollkornmehl Type 1200
40 g	Hefe
1/2 TL	Fruktose
3/8 l	lauwarmes Wasser
1 TL	Salz
•	Olivenöl oder Sonnenblumenöl

Weizenschrot und Weizenmehl in eine **Rührschüssel** geben, mischen und eine Mulde eindrücken. Hefe in die Mulde bröckeln und mit Fruktose, 5 - 7 EL warmem Wasser und etwas Mehl verrühren. Die Schüssel mit einem Tuch abdecken und an einem warmen Ort 20 - 30 Minuten gehen lassen.

Restliches lauwarmes Wasser und Salz zum Vorteig geben. Alle Zutaten zu einem glatten Teig in der **Küchenmaschine** oder dem **Handkneter** verarbeiten, bis er Blasen wirft.

Aus dem Teig mit leicht bemehlten Händen ovale Brötchen von ca. 5 cm Länge formen.

In Abständen von 5 cm auf ein mit Öl ausgepinseltes **Backblech** setzen. Das Backblech auf einen breiten, flachen, mit heißem Wasser gefüllten Kochtopf stellen. Mit einem Küchentuch abdecken und nochmals 15 - 20 Minuten gehen lassen.

Die Brötchen vor dem Backen mit einem Messer in Längsrichtung einschneiden.

Auf der mittleren Schiene im **vorgeheizten Backofen** bei 220 °C 20 - 25 Minuten goldbraun backen. Eine **hitzebeständige Tasse** oder **Schüssel** mit heißem Wasser in den Backofen stellen.

Auf einem **Kuchenrost** auskühlen lassen.

TIPP:
Zur Abwechslung können in Phase II die Brötchen vor dem Backen auch mit Mohn, Sesam oder Sonnenblumenkernen bestreut werden.

MÜSLI-GRUNDMISCHUNG (V)

Siehe 2. Foto nach Seite 32

Zubereitungszeit:
5-10 Minuten

ZUTATEN:

250 g	Weizenvollkornflocken
250 g	Hafervollkornflocken
250 g	Roggenvollkornflocken
250 g	Gerstenvollkornflocken
100 g	Weizenkeime

Alle Zutaten in einer großen Schüssel gut vermischen und in wieder verschließbare Behälter füllen.

In Phase II haben Sie die Möglichkeit, das Grundmüsli wie folgt zu variieren:

VARIANTE 1:

TRAUBEN-NUSS-MISCHUNG

ZUTATEN:	Grundmischung, aber außerdem
250 g	Sultaninen
125 g	Korinthen
100 g	Haselnüsse
250 g	Leinsamen

VARIANTE 2:

NUSS-MISCHUNG

ZUTATEN:	Grundmischung, aber außerdem
100 g	Haselnüsse
100 g	Erdnüsse (ungesalzen)
100 g	Mandeln
100 g	Leinsamen

VARIANTE 3:

APFEL-APRIKOSEN-MISCHUNG

ZUTATEN:	Grundmischung, aber außerdem
150 g	getrocknete Apfelringe, klein geschnitten
150 g	getrocknete Aprikosen, klein geschnitten

TIPP:
Natürlich sind Ihrer Phantasie bei der Zusammensetzung Ihres Müslis keine Grenzen gesetzt. Ich füge meinem Müsli pro Portion noch 2 EL Haferkleie, die sehr reich an Ballaststoffen ist, bei.